JETON KELMENDI

PRESCURTAREA DEP.RT.RILOR

Raptus_Europae-300x191

Editura Europa

Raptus_Europae-300x191

Raptus_Europae-300x191
Raptus_Europae-300x191
JETON KELMENDI

PRESCURTAREA

DEP.RT.RILOR

Traducere în limba română.

de Baki Ymeri

Editura Europa

Raptus_Europae-300x191
Raptus_Europae-300x191
◆ Jeton Kelmendi, 2016

◆ Editura EUROPA, 2016

Orice reproducere, total. sau par.ial., a acestei lucr.ri,

f.r. acordul scris al editorului, este strict interzis.

.i se pedepse.te conform Legii dreptului de autor.

Tip.rit la S.C. GrafiPrint S.A.

Editor: Ion DEACONESCU

Lector: Marilena LIC.

Procesare text: Alban VOKA

Book Designer: Orlando DUINEA

Adresa autorului: jetonkelmendi@gmail.com

Adresa traduc.torului: albanvoka@yahoo.com

Descrierea CIP a Bibliotecii Na.ionale a Rom�niei

KELMENDI , JETON

Prescurtarea dep.rt.rilor / KELMENDI , JETON

Craiova, Editura Europa, 2015

ISBN

Raptus_Europae-300x191
Raptus_Europae-300x191
BIO
-
BIBLIOGRAFIE

Jeton Kelmendi este poet, dramaturg, traduc.tor literar .i publicist. S-a n.scut �n 1978, la Peia (Kosovo). .coala primar. .i liceul le-a absolvit �n localitatea natal., iar studiile de Comunicare la Pristina. Urmeaz. studii post-diplomice la Universitatea din Bruxelles. .i-a terminat cel de al doilea Masterat �n diploma.ie, precum .i teza de doctorat despre influen.a mass-mediei �n politicile de securitate ale Uniunii Europene. Lucreaz. �n mass-media, cu prec.dere ziaristic., at�t �n Kosova c�t .i �n str.in.tate. Kelmendi este cunoscut prin mai multe c.r.i de poezie publicate c�t .i prin scrieri publicistice referitoare la probleme de cultur.. Poemele sale sunt traduse �n 28 de limbi, fiind incluse �n peste 100 de antologii, devenind cel mai tradus poet albanez. Esen.a g�ndirii poetice a lui Kelmendi rezid. �n etica exprim.rii, vers eliptic, �nzestrat cu metafore .i simboluri artistice. De subliniat c. primul s.u volum (Ce mult s-au r.rit

Raptus_Europae-300x191
Raptus_Europae-300x191
scrisorile), a fost lansat �n perioda Sumitului NATO din Bucure.ti (2008), dup. care a publicat .i un al doilea volum �n limba rom�n. G�ndurile sufletului (Bucure.ti 2011). Actualmente tr.ie.te .i creeaz. la Bruxelles, fiind cel mai cunoscut .i premiat autor albanez �n lume.

Opere tip.rite:

Secolul promisiunilor, 1999, Dincolo de T.cere, 2002, Daca ar fi miaz.zi, 2004, D.ruie.te-mi un pic de Patrie, 2005, Unde se duc venirile, 2007, Ce mult s-au r.rit scrisorile, 2007, Doamna Cuv�nt, dram., 2007, Ai venit pe urmele v�ntului, 2008, Timpul c�nd va avea timp, 2009, C.l.toria g�ndurilor, 2010, Chem lucrurile uitate, 2010, How to reach your self, 2010, G�ndurile sufletului.

Premii na.ionale .i interna.ionale:

� Marele Premiu Interna.ional �Solenzara�, Paris, 2010

� Premiul Interna.ional �World poetry�, Sarajevo, 2013

� Premiul Interna.ional �Nikolaji Gogol�, Ucraina, 2013

Raptus_Europae-300x191
Raptus_Europae-300x191

◆ Premiul Internaţional ◆Alexandru cel Mare◆, Grecia, 2013

◆ Premiul ◆Traducătorul anului◆, China, 2013

◆ Premiul Internaţional ◆Ludwig Nobel◆, conferit de PEN clubul din Udmurtu, Rusia, 2014

◆ Premiul Naţional de Merit ◆Naji Naaman◆, Libia, 2014

◆ Premiul Naţional ◆Nënë Tereza◆ pentru difuzarea literaturii albaneze, Gjakova, 2014

Recunoaşteri internaţionale:

◆ Membru a Academiei de Ştiinţe, Arte din Europa, Salsburg, Austria;

◆ Membru a Asociaţiei Ziariştilor Profesionişti din Europa, Bruxelles;

◆ Membru a Academiei de Ştiinţe, Arte şi Literatură din Europa, Paris;

◆ Membru a Academiei de Ştiinţe şi Studii Superioare din Ucraina, Kiev;

◆ Membru al PEN Clubului Internaţional belgiano-francez, Bruxelles.

Raptus_Europae-300x191
Raptus_Europae-300x191
PRIMA DOAMN.

A G
�NDURILOR

�Fii nebun, dar �nva.. cum s. fii nebun

f.r. a fii �n centrul aten.iei!
Nu te �ngrijora: vei supravie.ui .i vei avea mult
n
oroc�.

Paulo Coelho

St�nd la r�nd ca deputa.ii �n parlament

g�ndurile mele

dezbat
despre timpul

.i zilele care curg.

Unul

se ridic. .i .ine
o

prelegere

despre frigul iernii anului
ce va s. vin.
.

Trebuie luat
e
unele m.suri.

Mi s
-
a r.cit trecutul.

Altul

se pl�nge ciripitul

p.s.rilor.

Raptus_Europae-300x191
Raptus_Europae-300x191
Nu se aud de
mult timp

privighetorile mun.ilor.

Acel
gând alb

polemizeaz. cu sinele:

Nu, nu este

dar este prezent,

ca
prima doamn. a gândurilor.

La sfâr.itul sedin.ei

plenare,

cu voturi unanime
,

tu iei volanul sufletului.

Mergi acum

pân. când vei ajunge

la tine.

Apoi mai vorbim.

Acolo sunt
și
te a.tept.

Raptus_Europae-300x191
Raptus_Europae-300x191

AM MERS PE DRUMUL ALTORA

Iube.te cu g�ndul c. �ntr-

o zi vei ur�.

.i ur..te cu g�ndul c. �ntr-

o zi vei iubi.

Bias De Pri�ne

Nu �nt�rzia!

Orele defileaz.

precum osta.ii.

Noaptea mi-

a �ncurcat

drumurile.

T.cerea
bate la poart.,

nu sunt disear. acas..

Am ie.it

afar.,

undeva departe,

dincolo de cas.,

dincolo de sine.

Mai departe decât

Raptus_Europae-300x191
Raptus_Europae-300x191
dep.rt.rile.

Orele m.r..luiesc

iar eu
sunt
singur.

Oric
ine
merge

pe propriul drum
,

Doar eu merg

pe calea altora.

Pornesc spre sinele
meu.

Nu
-
i v.d nic.ieri acoperi.ul,

Noaptea mi
-
a pierdut drumul.

De multe ori i
-
am spus

sinelui meu:

Nu întârzia,

noaptea este misterioas.!

Ce am dorit,

Pe cine caut?!

Vorbesc cu sinele meu.

Ritmurile gândurilor

seam.n. cu mine.

Raptus_Europae-300x191
Raptus_Europae-300x191
Astfel cumva:

Ooo� m. cheam
.

lini.tea.

Eu o
-
n.eleg.

A fost
u
n vis
,

iubito.

Nici �n vis nu te g.sesc.

Unde mi
-
ai ascuns

urmele?

�n care cer dormi?

M�ine sear.,

voi veni

s. dorm un pic cu tine.

Asta sear. doar am mers

pe drumul altora.

Bruxelles, 1 Septembrie 2012

Raptus_Europae-300x191
Raptus_Europae-300x191

LUCRURILE NOASTRE LE-AM G.SIT ACOLO

La dealul unde bate v�ntul,

c�teva urme r.mase c�ndva

dou. nop.i de toamn. .i s.ruturile noastre

�mp.tur
i
te dincolo de uitare.

De atunci .i p�n. azi,

c�te v�nturi .i nop.i

au trecut!

Iar lucrurile noastre din nou

le-am g.sit aco
lo.

L�ng. v�nt, unde fusese dealul,

amintirea de neuitat

și lipsa de sear..

Ne priveam fața în fa...

Celălalt deal dincolo,

ca martor al unui proces,

ce trebuie reluat

Raptus_Europae-300x191
Raptus_Europae-300x191
cu suflet
str.lucitor
de înger,

dar aici se ascunde natura

unei iubiri

și cântecul car

e trebuie cântat.

Aici și acolo,

O virgulă
-
n mijloc

și cuvântul continuă.:

Ei, codrul este acolo

unde a fost.

Caut. acum noaptea ta și noua

întâlnire a noastră..

Suedia, 24 Decembrie 2009

Raptus_Europae-300x191
Raptus_Europae-300x191
PRESCURTAREA
DEPART.RILOR

Dincolo de aceast. noapte,

ziua de
m�ine e bucuroas..

Dincolo de m�ine,

din nou o alt. noapte.

Sunt
tot
mai aproape de tine.

Eu .i tu vis.m �mpreun..

Eu te visze pe tine .i tu pe mine

.i astfel timpul merge

�n.ir�nd zilele .i nop.ile.

A.tept.m a.tept�nd
u
-

ne
unul pe cel.lalt

p�n. c�nd ne fug
e
sufletele
.

Astfel ne prive.te timpul,

�n timp ce ne m.soar. dep
.
rt
.ri
le

cu zi .i noapte.

Acolo tr.i.i, tu .i g�ndurile mele.

Raptus_Europae-300x191
Raptus_Europae-300x191
Cine num.r. zilele?

Disear.,
cu
o noapte mai aproape suntem,

mai aproape de gânduri.

Cum se iube.te întreaga lume.

Cum se vede,

eu .i tu, iubito,

avem o lume

cu totul alta...

Bruxelles, 20 Iunie 2012

Raptus_Europae-300x191
Raptus_Europae-300x191
IE.I ÎN PARTEA MEA

A imagina înseamnă

a desena un curcubeu în cotidianul tău!

Ruth Mayer

Cumva,

foarte asemănătoare cu tine,

este una din dorințele mele.

Îți pot spune orice
gând

pe care îl am despre tine.

Dar
e atât de puțin
.

I
a
această privire

și măsoară
tot ce avem

.

Dealtfel,

numai respira.ia mea

.tie s. te
-
n.eleag.

c�t de mult ne asem.n.m.

Tu

Raptus_Europae-300x191
Raptus_Europae-300x191

�mi imi.i dorin.a.

D
evii
s
uflet

�n sufletul meu.

Sau

Dorin.a
, care
este
aidoma
.
ie
.

�n privirea
-
mi
c.tre
tine,

vor cre.te �nc. multe g�nduri.

Departe suntem, foarte departe

de asem.n.ri, iubito.

M.soar. .i

Diferen.ele:

Crede în eul t.u!

Pe mine m. ai la poarta sufletului.

Trec
i
peste gardul t.cerii!

Ie.i în partea mea!

Nimeni nu
poate observa

Asem.n.rile.

Bruxelles, 26 Februari 2012

Raptus_Europae-300x191
Raptus_Europae-300x191
NE ÎNTÂLNIM ACOLO

Hai să ne odihnim acolo,

În vârful gândurilor, printre stele,

peste dorințele noastre.

Acolo deci, unde este locul

ne putem privi în ochi.

Știu că e cale lungă.

Eu voi porni cu tine,

Sub
lumin
a
Soarelui.

A c
ălători
de unul
singur

nu se mai face.

Sunt multe planete, multe galaxii,

Multe ceruri, ce ne a.teapt. �n lumina vie.ii.

Po
rne.te, iubito, drept spre tine
!

Ne vom �nt�lni acolo

C.l.torind �mpreun. spre via..!

Den Haga, Olanda, 29.11.2012

Raptus_Europae-300x191
Raptus_Europae-300x191
URME

Timpul nefast

Mi-a şters urmele

Fără a lăsa urme

se vedeau paşii mei
şi mersul.

Spune-mi un cuvânt
despre călătorie,

când nu se mai
ştie
vremea
urmelor.

Nici destinul
pentru a
căuta
nu se ştie.

Mergem
prin viaţa

urmel
or care ne au adus
�n secolul
acesta
.

Timpul a l.sat urme ne.terse �n noi.

Dou. mii de ani mai

nainte,

prin mersul
str.vechi al Ilirilor
,

prin peninsul.,

apar urmele noastre minunate.

Ah, urmele mele!

Milano, Italia, 30 August 2012

Raptus_Europae-300x191
Raptus_Europae-300x191
R.D.CINILE VIE.II

Am
str.b.tut
milenii .i secole.
Anii .i anotimpurile
-
ntunecate

Îmi încurcau genurile.

F.r. încetare.

Mai mult m. mi.cam decât

m. apropiam de
mine însumi
.

Din nou m.
-
ntreb despre genez.,

unde Domnul .i omul

Se în.elegeau
.

Via.a porne.te din r.d.cini
,

Germinate în antichitate
,

Pentru a rămâne mereu,

crescute pe veci
,

Dând viaţă vieţii.

Înc. sute de mii de veniri

şi plecări

se vor ivi şi pieri,

Raptus_Europae-300x191
Raptus_Europae-300x191
via.a continu. drumurile sale.

O
altfel de na.tere

A.teapt. .i conduce timpurile,

�n timp ce secolele doar �i �nt.resc

originea
v�rstei
!

Acesta este deci genul meu.

Paris, 6 Octombrie 2012

Raptus_Europae-300x191
Raptus_Europae-300x191
PEIA LA CINCI
DIMINEA.A

Tat.lui meu

Ora.ul �n somn.

Noaptea .i oamenii dormeau.

T.cerea se odihnea

de oboseala zilei de ieri.

A
s
tfel �ncepu
s. ap.r. ziua �n Peia.

Ora.ul ajunsese la orele cinci diminea.a.

Pe 12 Aprilie

nu orice vis se
dezv.luie
u.or.

Cineva visez. prim.vara,

iar altcineva �ncuia toate

povestirile, dorin.ele pentru sine,

pentru a face aici .i dincolo somnul f.r. vise.

.i eu am adormit cândva

în vis.

Raptus_Europae-300x191
Raptus_Europae-300x191
L-am visat pe tata mergând la munte, deși nu era vreme.

Tata, mereu se trezea devreme, dar acum prea devreme s-a trezit, pentru a trece Podul care leagă această lume cu cealaltă.

În Rugova,

b.rba.ii mor frumos,

fiindc. a.a
�i
�nva.. natura.

Astfel spunea tat
a
,

c�nd vorbea despre rudele sale.

Ei �.i terminau
la
timp

treburile vie.ii.

Apoi defilau prin inimi

ce
deveneau ve.nicie.

�1.
in minte pe tata,

Raptus_Europae-300x191
Raptus_Europae-300x191
de câte ori

și
terminase datoriile

se bucura

toata ziua
.
și
-
o petrecea vo
ios
.

Într
-
o zi de vineri

tata fusese mai tăcut

Ca oricând

și
-
a predat toate visele.

.
i s
-
a prăbușit în somn fără vise.

Lăsând

Patria
liber.
,

dar
cu sute de
necazuri
.

Fii lâng. el:

astfel .i
-
a închis ochii,

f.r. a mai vedea
verdea.a prim.verii

Tata.

Ah,
prim.vara!

Aceast. zi frumoas.,

deseori
e ca o veste
,

dar de data aceasta l
-
a luat

pe tat.l meu.

Raptus_Europae-300x191
Raptus_Europae-300x191
De acum �ncolo vom avea

mai mult dor,

mai mult amintiri, m.rturisiri.

Tot mai mult.

Dar sfaturi mai pu.in
e
.

Fiindc.
nu mai este
tat
a
.

Prishtina, 12 Iubie 201
3

Raptus_Europae-300x191
Raptus_Europae-300x191
P
oate drumurile noastre

se
-
ncruci.eaz.

A scrie este una din cele mai mari pl.ceri pentru mine.
�n acela.i timp .i o mare tortur..

Dar este unicul lucru care m. men.ine �n via...

Este precum iubirea sau sexul.

Alice Munro

Mi
-
a
m v.zut
sufletul
invizibil

�ntr
-
o noapte

�n
pia.a bucuriilor tale.

Enumer�nd

atâtea discuții
,

.
i
botez
ând
lucruri f.r. de nume.

Azi e
atât de
departe
iubirea

În dou. direc.ii

Tr.iesc cu
închipuiri
.

Toamn. cu
imagini calme

Nici mai departe, nici mai târziu

nu am uitat

Raptus_Europae-300x191
Raptus_Europae-300x191
dr
umurile
ce m-
au îndep.rtat de tine.

Când mi-
am pierdut
sufletul

dincolo de
ce s-
a
întâmplat.

Între mine și tine,

timpul a construit un zid chinezesc:

Orice lucru a apus.

Cum s. botez.m priveli.tea

care se tope.te în

visele r.mase pe jum.tate?

Astfel îmi și

ne
de ur�t clipa

c�nd ziua m.
-
ndep.rteaz.

din ce �n ce mai mult de tine.

Poate vom deveni drume.i

iar drumurile ni se vor �ncruci.a

c�ndva, c�nd vom deveni mai t.cu.i.

Poate c. a.a vom p.stra

Vechile obiceiuri,

Iar c�nd ne vom trezi vom adormi din nou.

Paris, 3 Octombrie 2012

Raptus_Europae-300x191
Raptus_Europae-300x191
TOATE SEMNELE MELE

O
dat.,

C
�nd am vrut s. iubesc,

Mi
-
a ap.rut poezia, ca �n vis,

Versul cel mai ciudat.

Clipele iubirii sunt scurte

iar timpul mi s
-
a dus.

Ochii m
-
au cucerit
fiind treaz
,

Sau am fost
doar vis
?

�n fine
,
n

are importan.. dovada
,

Frumoas. .i ❖nfrico.at.
,

Pe care s
-
o aleg, pe care s
-
o las?

Astfel cumva

am
❖nceput
textul
neterminat

al vie.ii

.i regu
l
ile jocului

le
-
am desconsiderat,

p❖n. c❖nd
am ❖n.eles
:

Raptus_Europae-300x191
Raptus_Europae-300x191
dezlegarea tuturor
enigmelor
.

Dincolo
de
dorin.
.
, di
n
co
lo
de
singur.t
ate
,

un joc repezit, un joc
nesf�r.it
.

Un pic obosit, un pic turmentat,

am
�n.eles
:

S. pun punct versului, punct mirar
ii
poeziei.

S. m.
-
ntorc
la
celelalte iubiri.

Puterea peste putere

Exist.

Nici cei care au descoperit, nici eu acum

nu .tim
ritualuri
l
e magiei.

Cu vers �n suflet, cu poezie iliric.

m. apropie desp.r.irile,

m. despart apropierile.

�nc. un punct �i pun m.rturisirii.

Mai t.cu.i .i mai bucuro.i ca nic.ieri

ne g.se.te l.comia.

Iubirea
�

aceast. plant. ro.ie, veche.

Raptus_Europae-300x191
Raptus_Europae-300x191
În care
pămînt îi pune rădăcinile?

Cine ştie un răspuns exact?

Trunchiul se află la poezie,

la libertate.

Astfel mi-
au spus cei care le-
au căutat

pe amîndou. cîte un pic.

Despre ritmurile mersurilor,

Despre
sensul şi înţelesul
lor
vorbesc deschis.

Scoţi o moţie
de iubire din poezie,

Sau o poezie din iubire.

Toata viaţa se vor înţelege.

Bruxelles, 10 Aprilie 2011

Raptus_Europae-300x191
Raptus_Europae-300x191
C
�NDE TE DUCI

�N SARA
J
EV
O

�n via.., totu.i, cineva trebuie s. r.m�n..

Fusesem mul.i �n aceast. mocirl. a oricui,

�n frunte evident a
�nfrunzit planta s.lbatic..

Abdulla Sidran

Din Europa, cu evenimentele

anilor nou.zeci �n amintiri,

am venit �n ora.ul despre care lumea

vorbe.te cu admira.ie.

Am privit pere.ii care

men.in
at�t de
frumos tr
i
s
te.ea.

Dumnezeule cel Mare!

C�t de dezumanizat. este omenirea

�n
aceste vremuri
!

Nici timpul nu
fusese omenos
.

Raptus_Europae-300x191
Raptus_Europae-300x191

În ora.ul

unde a pornit
p
rimul
r
.zboi

m
ondial,

tocmai aici
,

unde s
-
au .inut Jocurile Olimpice,

azi
,

În Ziua Prim.verii
,

am ajuns
e
u .i
prietenul

care vine de dincolo de Atlantic.

Fiecare cu pove.tile sale

vorbe.te despre Sara
j
ev
o
.

El vorbe.te despre istori
a
de la televizor

iar eu

despre
momentul
c�nd via.a costa

cincizeci de cen.i,

c�t cost. un glon..

Un glon. egal cu o via..

pierdut..

Atunci
eram
copil.

Raptus_Europae-300x191
Raptus_Europae-300x191
Via.a .i moartea

erau desp.r.ite de un fir sub.ire de noroc.

Astfel ne poveste.te, lini.tit

Un poet bosniac, Sabahudin Haxhiali�

�n timp ce conduce ma.ina

care ne duce la Festivalul

Iarna
�n
Sara
j
ev
o

(Sarajevska Zima).

Urmele
gloan.elo
r

de
pe pere.ii caselor

convie.uiesc cu supravie.itorii.

Iar celor care vin din afar.,

le vorbesc despre spaimele,

despre punctul negru

al secolului dou.zeci.

Dac.
n.eleg to.i sau nu,

E
ste o alt. problem..

Iar ora.ul

cu istorie zbuciumat.,

Raptus_Europae-300x191
Raptus_Europae-300x191
are
at�tea

ce
tac .i vorbesc

prin dealuri,

morminte nenum.rate cu pietre

�nalte, albe.

Parc. au devenit avangarda

Istoriei.

Acum,

G�nde.te
-
te la ironia

sor.ii,

la
acela.i destin cu Sara
j
ev
o

.i

al
.
.
r
ii
me
le
.

Parc. a.teptase cre.terea mea.

Apoi via.a m
-
a �nv..at

timbrul care desparte via.a
de
moarte,

soarta vie.ii

unde o
existen..
fusese egal.

cu costul unui glon..

Acum,

Raptus_Europae-300x191
Raptus_Europae-300x191
De câte ori se pomene.te

Sara
j
ev
o
,

Îmi vor ap.rea clipele

vie.ii,

În care personaj
ul
principal este

Moartea.

Sarajevo, 21 Martie 2012

Raptus_Europae-300x191
Raptus_Europae-300x191
IUBIRE ÎN TIMP

DE RĂZBOI

Uneori toate lucrurile

vreau să se întâmple altfel...

De exemplu: să se revarse negura densă,

ca să se treacă mai ușor frontiera.

Să se treacă pe acolo,

când în urmă cu câteva luni

am văzut o fată cu șuvițe.

Cel puțin s
-
o văd,
apoi

să visez cum ne iubim.

În fine, este război și nimic nu se știe

în fiecare zi învingând moartea.

Astfel de întâmplări, precum cutare și cutare

au căzut pentru libertate sau și alte știri,

ca de exemplu inamicul

a pierdut atât și atât...

Aceste sunt
lucruri cotidiene.

Raptus_Europae-300x191
Raptus_Europae-300x191
Dac.

Îi spui cuiva,

c. în timp de r.zboi vrei iubire,

te consider. nebun.

Dar .i în cele mai sângeroase r.zboaie,

osta.ul se gânde.te numai la iubire.

Acel timp
eu
însu
m
i l-
am v.zut.

Vreme
de r.zboi.

Dumnezeu .tie când se va sfâr.i.

Poat
e...

Nici timp nu mai e pentru iubire.

El

Și face datoria.

Dar, dacă toți ar semăna moartea,

C
ine ar secera iubirea?

Poetul crede că cele mai mari iubiri,

se nasc în timp de război.

Poate, poate...

Trec dincolo

de hotarele unei mărturisiri biblice,

Sau
de
istoriile cele mai fantastice,

Raptus_Europae-300x191
Raptus_Europae-300x191
ale lui Lor
c
a .i Heming
u
ei...

Simplu, iubirea este un alt r.zboi.

Cel mai ve.nic r.zboi, cel mai lung,

dar armele sunt altele...

Inima, Sufletul .i Sexul.

Am ie.it din joc .i am mers la personajul principal.

Mai e
ste r
.zboi? �n fiece zi,

Via.a devine mai plictisitoare:

Astfel a trop.it g�ndul meu,

�n timp ce,

cu mare pl.cere ne preg.team,

pentru un pic de iubire.

Vis sau realitate?

Nici azi nu sunt sigur... mă
întreabă cineva.

Dar, o
minune
s-
a întâmplat:

De
99 de ori am
fi
putut muri

în 99
de cazuri
.

Fără a lupta.

Raptus_Europae-300x191
Raptus_Europae-300x191
Cum începe timpul iubirii,

Nici se poate închipui.

Hai, iubire, hei, r.zboi!

Noapte târzie...

.i luna parc. a uitat s. apar..

Se
-
ntoarce osta.ul, încep noi b.t.lii.

Iubire adev.rat. în timp de
r.zboi,

Lupta continu.... Hei,
soldat
dup.
soldat
!

Noiembrie 1999, undeva în decursul
r.zboiului din Kosova

Raptus_Europae-300x191
Raptus_Europae-300x191
MONA
LISA

Ea este t.cere vie
,

Frumuse.e
c
u suflet
lini.tit

Un suspin existen.ial

Pentru mister

Stau secole al.turi
,

Pe perete,

Privindu
-
i pe
oameni

�n fa..
,

Nevorbind
u
-
le

,

și nu mai tace
.

Pulsațiile
inimii bat

În celelalte inimi
.

Ia cu sine
p
rivirea
ochilor noștri

Tocmai ea este femeia

Care întrece toate plăcerile

Înain
te de a
-
și pătrunde în ochi

D
ându
-
și bucurie.

Raptus_Europae-300x191
Raptus_Europae-300x191
ILIR.

Nu se m.soar. cu nimic

Povara trupului t.u

For.a aerului

�nfr�narea plec.rilor

Nu .i se vede nici partea cealalt. a luminii

Parc.

Nu mai exist. unelte s. m.s
oare z.p.ceala

Sau

Le petrece pe toate

Pentru sufletul cuv�ntului

E.ti

Un
mili

gram de uitare

Dincolo de urechi .i
ochi

O sut. .i o mie de ani

G�ndire luminat.

E.ti .i atunci

C�nd n
-
au putut s. te m.soare

Raptus_Europae-300x191
Raptus_Europae-300x191
Patria mea e patria Domnului

Ce mi
-
a dat numele

ALBANEZ

Auderghem, 2007

Raptus_Europae-300x191
Raptus_Europae-300x191
PENTRU CURAJ

Cândva

Va
fi
ziua mea

Dac. e adev.rat c.

Fiecare are o zi
a lui

.i
e
u
voi .ti s-
o a.tept

Va avea pâine p
.mântul

.i ap. izvorul

C
a
s. umple golurile

Dar ce ne facem cu tine

Neîncredere în
ziua de
mâine

Viena, 2006

Raptus_Europae-300x191
Raptus_Europae-300x191

DOAMNA SLOV.
.I
DOMNUL G�ND

1

Am vorbit pu.in

Diferit

Prea
triumf.tor

Domni.oar.

Dar
spun

S. nu te
superi pe mine

P�n. la urm. cuvintele unui poet

Sunt m�n
g
�iere pentru suflet

Cum să îmbrăc

Gândurile dezbrăcate,

Iar pe cele nude

Să
le
-
mbrac cu hainele poftei mele,

Cum să ajung pân. la tine,

Raptus_Europae-300x191
Raptus_Europae-300x191
S.
-
.i spun c. te iubesc
,

Ca orice
b.rbat femeii sale.

Domni.oar.
,

Eu am cu totul alt. p.rere

2
G●ndul n
-
are valoare pentru cuv●nt

Nici cuv●ntul

Care obose.te g●ndul

Suflet de om
.

Tu e.ti doamna
slov.,

Iar eu domnul g●nd
,

Cum te
-
am v.zut

.
i
-
am apar.inut

.i
tu
mie

◆n aceast. formul.
a
iubir
ii

Oriunde

Dac. a
mai r.mas
ceva.

Raptus_Europae-300x191
Raptus_Europae-300x191
De aceea
,

Doamn. slov., vorb.
ce
e.ti frumoas.

C�nd domnul g�nd

�.i
afer.
frumuse.e

3
Haide, ce mai a.tep.i
,

Trebuie s. accep.i p.rerea

C. t.cerea

E
ca un co.mar
.

Ce se �nt�mpl. cu noi
.i ce mai vrei
,

Doamna cuv�nt
,

Doamn. slov.,

Vreau s. te s.rut chiar acum

M.car
o
dat.

A doua
.i a treia s.rutare

Nu .tiu c

nd
vor veni

Libertatea s. tr.iasc.
aiurea

Raptus_Europae-300x191
Raptus_Europae-300x191
.i cuvântul

.i gândul

S. vorbeasc.

C
ând
vor
,

Iar e
u
, acum,

Vreau
cel dintâi
s.rut
.

Paris, 2006

Raptus_Europae-300x191
Raptus_Europae-300x191
SUB UMBRA AMINTIRII

.i
-
a. spune ceva uitat
,

Ceva de care s. nu
-
.i mai aminte.ti m�ine
,

Uitar
ea devine din ce �n ce mai b.tr�
n.
,

Atunci c�nd hoin.re.te t.cerea
.

La stejarul secat de soare
,

Te mai a.tept
,

Cuib.rit �n poala dorului
,

Acolo
unde

se a.teapt. numai iubita

Iar eu
m
-
am a.ezat pentru odihn.

M
-
a secat toamna, a
s.r.cit .i
lumina

Am �ncercat

Doar s.
-
.i spun ceva
.

Iunie, 2004

Raptus_Europae-300x191
Raptus_Europae-300x191
CUVÂNTUL

A SĂRIT TĂCEREA

Ieri am învăţat

Să tac
,

Să vorbesc puţin

Sunt plin de duhul tristeţii

Prin genele rupte

Ale ochilor tăi

De
mult a
m pornit spre tine
,

Să vorbesc tăcând
,

Să povestesc

Despre tine

.i despre mine
.

.i m
-
am gândit

S.
-
.i spun

C. e.ti

Până versurilor
,

Raptus_Europae-300x191
Raptus_Europae-300x191
Apa cuv�ntului
,

Eu sunt pentru tine

Cel mai c�ntat c�ntec

De odinioar.
.

.i am vrut s. tac
,

S. vorbesc un pic
,

S. devin
umbr.

S.
-
.i opresc lumina soarelui
.

Am vrut

S.
uit
n.ravurile omenirii
,

Ieri am v.zut c. pot

Ş. m. descurc

şi f.r. tine
.

Târziu sau devreme
,

Ieri
a
m încercat

Ş. m. bucur cel mai tare

Prishtina, 2005

Raptus_Europae-300x191
Raptus_Europae-300x191
CLIP.

Dac. eram ploaie
,

Asear.
,

A. fi pictat
�nt�mpl.tor,

Pe pagin.
,

Pic.tura

Care curge �ncet
,

�n timp ce

Eu m.
-
ndep.rtez �n tain.

Tu
g�nde.te
-
te la clipa ce va urma.

Raptus_Europae-300x191
Raptus_Europae-300x191
CADEN..

Am spus �n sinea mea

Fire rupte din
povestea

E bine

S. le .inem �n m�n.
,

Ca un g�nd bun
,

Ce mereu st. singur
.

Odihne.te
-
te
,
din c�nd �n c�nd
,

La
foc,

Nicic�nd n
-

ai fost ca azi
,

Când deshizi și închizi ochii,

Un cuvânt

A răsărit în pământul limbii

Și a crescut până
-
n cer
,

A lăsat rădăcini până
-
n inima pământului
.

Ziua de azi are grijă de cea de mâine
,

După ape și
alte ținuturi

Un vers de poet

Raptus_Europae-300x191
Raptus_Europae-300x191
Tr.ie.ti
cu singur.tatea lui
.

S. tr.ie.ti Drinule cel rece
,

Ne vom vedea

◆ntr
-
o
zi
,
pe
malurile tale
.

Bruxelles, 2007

Raptus_Europae-300x191
Raptus_Europae-300x191
RITUALUL S.U

P
în
. la urm.

E un alt început

.
i n
-
am încotro
,

în
t.cere
,

Nici
-
un drum nu m. duce
la tine
,

Poate ast.zi

A apus steaua mea

.i cu cât mai sus m.
înal.

Cu atât mai jos m. împing norii
,

Până la urm. iubirea e norocoas
.,

Când nu te temi de nimic,

Nu e ru.ine s. visezi

.tii asta, bunul meu prieten,

O ceat. de chinuri

.i un gând profetic
, în
v.lm..ie

M. aduc la tine
.

De.i te
-
ascunzi
în
propriul
cuvântul

Raptus_Europae-300x191
Raptus_Europae-300x191
F.
-
mi
un pic
de loc

�n poezie
.

Viena
,
2006

CONVORBIRE

Înainte să vorbesc cu el

A. f
i vrut s.
-
l întreb despre munți

Pâraiele c
are se varsău în alte primăveri

Au
învolburat aerul, în ace
st an,

Eu departe și tu aproape,

S
-
a răcit cuvântul,

Vara nu mai
e
cu noi

Unde
să fie
piatra străpunsă de picătur

?

Cine c�nt.
�n
codru
?

De c�te ori am pornit

�

nc. nu am ajuns
.

Bruxelles, 2007

Raptus_Europae-300x191
Raptus_Europae-300x191
SOSIREA

L
-
am condus pân. aici

De frica cea mare
a
sufletului

Ziua și noaptea

I
-
a
u condus
mersul

Au luat cu ea

Tot ce era pentru
sosire

Aici și la cap.tul drumului

E doar a.teptarea.

PLECAREA

Ia cu tine speranțele

Ce să-ți arate calea

．
i t
oate umbrele care
te însoțesc

Nu
mai vin
pașii

Ca și cum
tot
mereu ar fugii,

La capătul ei
,

Doar

Toamnele trec pe aici
,

Ca o întcere a începutului

Când se
retrage

trecutul

În singurătate

Cine știe dacă

Mai întâi e
sosirea

Sau plecarea
.

Raptus_Europae-300x191
Raptus_Europae-300x191
FOND

Înc. aștept
momentul sosirii,

Aflate în fruntea oștilor
plecării.

A
răsărit dimineața

De martie

A nopților noastre
-
ndepărtate

Ne înt

lnim undeva, dincolo de vremuri.

Raptus_Europae-300x191
Raptus_Europae-300x191
AMORF.

Nimic pentru tot sau totul pentru nimic

Di
ncolo de sine
,

C�nd i
-
a ie.it cuv�ntului

Sufletul
,

De ce permite Domnul

Taina
Pegasului luminii

S.
ating. luna singur.t..ii
,

Astfel
calc
�nd

Ziua de mâine
.

Pâinii și apei nu ia rămas decât

Setea
.
și
foametea
.

În câmpul cuvântului Patrie

Au păscut și băut

De ce Domnul
face

Ca tăcerea să trosnească.

Raptus_Europae-300x191
Raptus_Europae-300x191
Pe pere.ii r.bd.rii
,

Pentru tine nostalgie
,

Ne
-
a
m l.sat
de azi pe m�ine

Oare,
Domnul
,
e at�t de bun?

Raptus_Europae-300x191
Raptus_Europae-300x191
MADRIGAL

Te-

au chemat îngerii cuvântului

Din camera mea,

În întuneric,

Ca.

i cum am p.truns într-un madrigal

Cu fe.ele spre lumin.

Ne-am întors,

Un oftat calm

.i câteva zile

Pentru s.rb.toare,

Ceremonia

O putem face oricând
,

Eu, tu şi întunericul
.

Rude ne sunt stelele
de pe
cer
,

Care au ştiut vorbi
aşa de frumos

Despre duhul

Raptus_Europae-300x191
Raptus_Europae-300x191
C
lipelor �mp.cate
.

Când vei veni noaptea

Vei pleca
�mpreun.
cu ziua

Calea mea va fi a ta
,

Când sufletul nu
o s.
m. i
e
rt
e

Dac.
nu
-
.i
voi
da

Câtecul inimii mele
.

Vorbe.te acum.

Spune

-mi despre poet,

O mule!

Unde-i e mintea

Nu te-a adus oare

Dincolo de tine însuși

Cea mai grea t.cere din lume

Nu-i va aduce

Liniște

Raptus_Europae-300x191
Raptus_Europae-300x191
Drumurile au plecat în exil
,

Totul a
început s. sporeasc.

Cu prie
tena mea
,

Poetul .i versul

M. voi ruga cerului .i Domnului

De c
�te ori vine vinerea

Pentru noaptea noastr.

Ce va s. vin..

Raptus_Europae-300x191
Raptus_Europae-300x191
SFAT

Las.
-
m. singur
,

Numai acolo

Unde nu se ia

Lumina
.

Ia
,

Atunci c�nd

A
i de unde

S. mai iei
.

C�nd ai s. mai iei.

Raptus_Europae-300x191
Raptus_Europae-300x191
VIA.A

S. calc pe altceva

Exist. ceva mai mare

Decât trupul
,

Umbra
,

Numele
.

Nop.ii și dai jos spr
încenele
,

Zilei îi deschizi ochii

Raptus_Europae-300x191
Raptus_Europae-300x191
DUP. VENIRE

Omul s-a întors

La cântecele de alt.dat.

Le .tim destinul,

Din inima

Cuvântului

Intr.m împreun.

În mahalaua veche,

Cu câte un cap

De cuvânt.

Nostalgie pierdut.

De aici încolo

Va fi ziua mea

Fiindc. voi ie.i din cuvânt

Paris 2007

Raptus_Europae-300x191
Raptus_Europae-300x191
DUP. CUNOA.TERE

Eu poet
,

Iar tu frumoas.
,

Cum de nu ne
-
a tr.znit cuv�ntul

Timpului prezent

.i nu te
-
a durut visul cronicii mele

Sau te
-
a
prins ceasul cel r.u.

Spune
-
mi ceva despre focul f.r. fum
,

Dup. care

Ne va a.tepta cafeaua ta

.i versul meu tremur.tor
.

Ai �n.eles
,

Vom cutreiera lumea de la
un
cap la
cel.lalt

�mpreun. facem mai mult

Dec�t
n
e taie capul

Aceasta este un lucru .ti
ut
.

Paris, 2006

Raptus_Europae-300x191
Raptus_Europae-300x191

PUNCTUL

Ce se vede și fuge

Din vedere
,

Se apropie dintr-
o parte

Și se îndepărtează.

Din cealaltă,

Strălucește

Și tace
,

Aici și acolo

Ea vorbește
,

Dar nu se vede

Și stă în fața ochilor
,

Cuvânt
dup.
cuvânt

.i mintea nu .i
-
o las.

În pace
.

C
eva
exist..

Orice.

Bruxelles, 2006

Raptus_Europae-300x191
Raptus_Europae-300x191
PENTRU ZIUA DE LUNI

Dou． sunete un punct
,

Dimineți timpurii în cameră．
,
și

Gândurile care întrec

întâmplarea
.

Dacă te cheam．
,
acum
,

Doamna aceea
,
a somnului trezit
,

Taci
,
dacă poți
,

Trei picături de tăcere

În primele
ore ale zilei de luni

.i

Plecarea
ei
sigur..

Îi simți mesajul

Scris de mâna doamnei cuvânt
,

Un pas mai aproape

Ar trezi

Somnul f.r. noi
.

Raptus_Europae-300x191
Raptus_Europae-300x191

ÎN LOC DE CUVÂNT

Precum umbr.
,

Trupul t.cerii tale

A venit singur
,

Ca urmele vântului
,

Regin. a nim.nui
,

P
în. când
câmpiile
,

Pline de nimic
,

S
-
au întâlnit întâmpl.tor

Cu polurile inverse
,

P
în. când vom ascunde
,

în sinea noastră
,

Ce
ea ce nu știam
,

P
în. când umbra

și trupul tăcerii tale

Va veni și va pleca ca un gând

în loc de cuvânt
.

Audergham, 2007

R.SUNET

Iei un p
et
ic din cerul t.u
,

A r.mas pielea neacoperit.
,

Nu cred c. voi
z.ri

Celelalte poluri

F.r. cerul
t
.u .i al
m
eu
,

Odihne.te
-
te
,
iubito
,

Sub stelele tale
,

Tu e.ti cerul meu

,

Pe care din vis �l voi scoate
.

O s. fac cuv�ntul pas.re,

Iar c
ir
ipitul s.u te va trezi
din somn.

Tirana, 2005

Raptus_Europae-300x191
Raptus_Europae-300x191
PU.IN. ISTORIE

A venit o zi din timp
,

C�nd z.p.cit .i fericit
,

Albul .i negrul

N
-
au mai existat

�n
sinea noastr.

Nici nu
ne
vedeam
,

Nici nu ne �nt
�lneam
,

Nici dor nu mai aveam despre ea
,

Orice

lucru ne d.dea un pic de fric.,

U
n pic
,

De curaj
,

Sup.rare .i bucurie
, de
asemenea
,

Din toate câte un pic

Ce este libertatea
?

Poate încrederea

Care aru
nc. diavolul dincolo de mare
,

Raptus_Europae-300x191
Raptus_Europae-300x191
Ea plute.te �ntre cer .i p.m�nt

.i toate lucrurile tale
,

Doamne
!
le voi .ine minte

.i voi uita ce
s
-
a
pierdut
.i
ce
s
-
a dus
,

Ceea ce n
-
a mai venit
,

Ce n
e
-
a r.mas
ca
datorie
.

Peia, 2000

Raptus_Europae-300x191
Raptus_Europae-300x191
PENTRU PAHARUL
DORULUI

Bea omule
,

Vinul cel ro.u din paharul t.u
,

Ro.u ca
.
i
dorul
t.u.

Las. loc
m�ndrei,

Bea .i nu te
-
mb.ta
,

Gole.te

.i nu l.sa

Pic.tura vinului

S. stea
ca un
vers singuratic
,

C.ci a.a
,

Treaz,

Ve
i
fi
,
omule
!

Paris, 2007

Raptus_Europae-300x191
Raptus_Europae-300x191
VENIREA NOASTRĂ ÎN
PERGAMENT

Visului meu

.i trezirii tale

Nu li se .tie

Patria
,

Zgomotului nostru

.
i
t.cerii tale

Nu l
i se
d.
cred
it.

Ziua mea de mâine

Parc. ar fi
cea de
poimâine

.
i m

Raptus_Europae-300x191
Raptus_Europae-300x191
PROB. PENTRU
M.SURAREA
CUVÂNTULUI

Undeva
,
între întuneric și lumin.
,

Pe cineva îl doare cuvântul

În fa.a cântecului

Schimbând
tot cea ce cuprinde visul
.

Altundeva
,

Poetul și contracuvântul

Nu pot s. prezinte dimensiunile

În patru
direc.ii.

Și la

izvor se merge înc. pe t.cute,

Locul cuvântului nespus

Și las. c.rarea
ce duce mai departe

Tace și tace
,

Nevăzând jocul
prestabilit.

Raptus_Europae-300x191
Raptus_Europae-300x191
CODEX

Nici luminoas. ca luna
,

Nici închi
s
. ca cetatea

Îmi s
pun
,

A coborât din dep.rtare

Taina
cea mai fantastic.

Înc. nu .i
-
a g.sit codul
,

Cre.te .i cre.te

.i înc.run.e.te

Frumos

În versul meu
,

Unica variantă fără
seamăn

În iarna cu fire subțiri
,

Se vorbește cu limba anticodului
,

Ca Anteu

Sau Prometeu
.

Se visează.

Raptus_Europae-300x191
Raptus_Europae-300x191
Pentru pu.in. sare de
iubire
,

Care �i lipse.te cuiva
,

Pentru scrierile de azi
,

Devenite
anotimpurile lor
.

Iarna noastr.
,

Codex
f.r. mil..

Raptus_Europae-300x191
Raptus_Europae-300x191
◆N CEALALT. PARTE

Bucuros te
-
am a.teptat

Ieri
,

Nu cumva te voi ◆nt◆lni
,

Undeva ◆n cealalt. jum.tate

A trezirii din vis
?

La
etajul
27

Al palatului
,

Am vrut s. trag un pui de somn

Cu tine
.

Tocmai când s
-
a dus noiembrie
,

M
-
am gândit c. pe data de dou.zeci .i .apte

A
r
put
ea
veni frumoasa lumii
,

Iar cuvântul cel mare

A vorbi
t

F.r. s. spun. nimic
.

Raptus_Europae-300x191
Raptus_Europae-300x191
O sut. .i una de �nt�mpl.ri

S
-
au putut
�nt�mpla
,

Dar
,
iat.
,

Timpul a trecut doar �n partea

Cealalt.
.

Pri.tina, 2005

Raptus_Europae-300x191
Raptus_Europae-300x191
JOC

Diseară, putem dormi împreună,

Când se răcoresc mâinile sub umbra ta.

Sunt zile când se grăbesc timpurile,

Ca să mă
-
ntreacă pe mine

Sau să te prindă pe tine.

Nu se
atinge cerul cu mâna,

Fără numele tău apus
ul nu
-
și are rostul

Oricât ai
dori, du
-
te,

Cum se
termin.

Jocul cu efecte galbene
!

Raptus_Europae-300x191
Raptus_Europae-300x191
PARADOX

Oricât vrei
,

Fugi de iarna mea
,

Anti
-
saga

Nu
-
mi cunoa.te prim.vara
.

Te înfioar. curiozitatea

A.tept.rii ce sperie noaptea
,

Somnul
e
un miracol
,

Vis
ând

Cum dormeam împreun.

Liber

S. spunem c. s
-
a
sfârșit

Co.marul,

Când fuge vara
pu.in îngrijorat..

Ap.
,

Mi
-
ai luat
apa setei mele
,

Timpurile au coborât azi pe p.mânt

P
lec
ând
cu ochii mei
de împrumutat.

Raptus_Europae-300x191
Raptus_Europae-300x191
ÎNCREDEREA

M．
trimitea dincolo de puterile

Mele
,

Răbdarea
,
ajuns. acolo unde e
soarele

Îmi .inea

Suflarea

Ce calmează. mireasma dimineții
,

Ce să．
-
i facem tăcerii

Să. nu o așteptăm

Ca să
. nu vină. pe urma noastră.
.

....

Iat.
,

Pun punct c
uvântului

.i a.tept
.

Nu .tiu când voi avea timp
.

În acel templu
a.ez
dou. pietre

împreunate
,

Raptus_Europae-300x191
Raptus_Europae-300x191
Una pentru mine
,

Alta pentru ea

.i a.tept cont
i
nuarea

Jocului

Ce cre.te

�mpreun. cu �ncrederea
.

Auderghem, 2007

Raptus_Europae-300x191
Raptus_Europae-300x191
A DOU
A

A vindecat r.nile cuv�ntului

.
i
umbra trupului s.u

Poeziei
i s
-
au albit oasele
,

�n tim
p ce a.tepta ritualul amurgului.

Tat.
,

C�nd eram copil
,

M
-
ai �nv..at numele unei flori
,

Care

nflore.te ca fata

C
�nd se roag. pentru iubire
.

�n a.teptarea

Rug.min.ii sterpe
,

Am pus punct

.i am
trecut �n cealalt. parte
.

U.or ochii .i p.rul

Raptus_Europae-300x191
Raptus_Europae-300x191
S
-
au v.rsat peste trup

.i vise

Devenind zeit..ile luminii
.

O a.a n
oapte nebun.

Nici
odat.
nu au v.zut

Visele poetului
.

Raptus_Europae-300x191
Raptus_Europae-300x191
DRAM.

Primul act

Fiindc.

Ieri .i s
-
a p.rut foarte mult
,

Cum de nu te
-
ai g�ndit

Pe
unde trece frontiera

�ntre sup.rare

.i bucurie
.

Pe unde s
-
o
lu.m

Pe
scurt.tur.

Acestui drum

,

Încotro și cum
?

Cel de
-
al doilea act

Fiindc.

Mâine v
a
fi prea pu.in

Ieși la izvorul setei
,

Raptus_Europae-300x191
Raptus_Europae-300x191
A.teapt.

Sosirile devreme.

Cea care nu va veni

De loc

Este a mea

Cel
de
-
al treilea act

Azi nu e nimeni la
ghi.eu.

Cump.r. biletul pentru drumul cel mare.

�n orice sta.ie

A scrierii

Vei g.si c�te o virgul.

Pentru tine
,

Câte un semn de
-
ntrebare pentru mine
.

Raptus_Europae-300x191
Raptus_Europae-300x191
IARNA MAR
II
DESPRINDERII

Domnului Rugova

Nu te
-
am v.zut

Niciodat.
,

Piatr. t.cut. de aur

Du
-
te dincolo de sinele t
.
u,

�n cealalt. parte

Nu ai mai g.sit oare
o
alt. zi

La Dealul Martirilor

�ndelung

Te vei odihni

,

Viseaz.

.i ro
a
g
.
-
te pentru Dardania
t
a
.

Iarna singur.t..ii a
venit

Sub spr◆ncene
.

Raptus_Europae-300x191
Raptus_Europae-300x191
Totul a
s
-

a împreunat
cu lacrima
,

Anotimp mare
,

Ziua desprinderii
,

Ianuarie, ianuarie al doliului
,

T.cer
e
a celui ce nu
vorbe.te,

Uria.
al cuvântului .i
al
trezirii din vis

Cum de ai adunat
toate
duhurile

Ziua

Care trece peste hotare
,

Muntean

Cât. putere avea cuvântul!

Raptus_Europae-300x191
Raptus_Europae-300x191
OARE

Ne-
am întins

Pe câmpia unui cuvânt

Eu și ochii

Culoare de cer

Care îmi stă
mereu

În fa..

De mult am pornit

Prin ploaie

și soare

Voi avea oare timp

Pentru sufletul meu,

Fiica și versul
.

Oare când va veni vremea

Să mă-nchin

Pentru minunăția ta?

Raptus_Europae-300x191
Raptus_Europae-300x191
PRIMA

R
egina tuturor întâmplărilor

Se mir. cât vor mai sta

Visurile albe dincolo de ape

Puterea intui.iei l
-
a obosit

În zadar

Nu se mai duce

F.r. motiv

.i
strop
de bucurie

Van Gogh în lanul de floarea soarelui

Se mai descurca

Cumva

Am
auzit spunând
:

Fere.te
-
te de mine
,

Ca s． și fere.ti pe al.ii
,

Raptus_Europae-300x191
Raptus_Europae-300x191
Iubirii nu i se .tie
inima
nop.ii
,

Mereu misterioas.
,

Venind
pentru cin.
,

O prinde �ntunericul
.

Mintea mi s-
a dus departe

D
incolo de somn
,

�nc. nu se .tie ce se ascunde

Dincolo de
oameni

.i
de t.cere
.

Raptus_Europae-300x191
Raptus_Europae-300x191
CODUL MEU

PENTRU M

INE

Pe unde
se va duce
z
iua mea de m�ine
,

.
i umbra
-
m
i
de ieri
?

La piatra invizibil.

Se v.d visele .i trezirile din vis

Ap.
,
p�ine .i antiomul
.

A
u obosit ploile, z.pada,

Izvoarele
s

-
au împrumutat și ele,

Nu
mai
vor s. cu
rg. mai mult pentru noi

Toamnei i
-
au luat cerul

Nu mi
-
au l.sat nici
un pic de iarn.

Ziua
mea de acum s
-
a dus

N
-
a mai r.mas nimic pentru mâine
,

Cine îmi va g.si oare codul meu

Pentru mâine
?

CUTREMUR

Dac. nu ai

Timp

Mai mult

D.ruie.te
-
mi cinci minute

De p
rietenie cu tine

.i f. ce vrei

Dup. ace
e
a
.

Dac. vrei
,
du
-
te dincolo
,

De e posibil,

Sau danseaz.

Pentru singur.tatea
insomniei
me
le.

Cu cele cinci minute ale tale

Voi s.ri
peste anotimpuri .i ani
,

Un pic
,

�nainte de a
-
mi trece grani.ele,

Se vor odihni

Raptus_Europae-300x191
Raptus_Europae-300x191
Lu
mina .i �ntunericul

Se � �ndelung
pe buze.

Disear.
voi r.spune

Ce
e
a ce trebuie spus

.
i
f.cu
t.

Raptus_Europae-300x191
Raptus_Europae-300x191
PENTRU FATA

Când
se va
însingura

Cuvântul

Vei lua pu.
in timp

Din timpul meu
,

Noapte și zi
se zbat

Pentru tine
.

Cântecele mele

Pentru frunze

Și le
voi
dărui

Diseară.
,

Cu priviri calme
.

Luna mea pentru tine
,

Pentru cheful t.u

M. voi obi.nui

Raptus_Europae-300x191
Raptus_Europae-300x191
S. c�nt la chitar.

Dac. iarb
a
nu r.sare pentru tine

Voi intra �n prim.var.

Raptus_Europae-300x191
Raptus_Europae-300x191
VISUL EI

A venit .i a adunat toate privirile
.

Domni.oar.
,

Mi
-
ai l.sat o
�ntrebare

Versul meu ca p�inea

Este
chiar
poezia

Sau cuv�ntul
,
domni.oar.
,

Regin. care schimb. sensul

.tie .i piatra

�n timp ce
-
.i albe.te fa.a
.

Soarele meu

�mi cere glasul inimii
,

Timpul mi
-
a luat anotimpurile

.i m. vor oricum
.

Versul a
c.p.tat
frisoane
.

Raptus_Europae-300x191
Raptus_Europae-300x191
LA TIRANA

Disear
.
se poate s.
ruta

Toamna cu noaptea
,

Pe ferestre a c.zut luna

Cele mai bune

Versuri

De v
oi scrie pentru tine
,

Disear.
,

Prietena mea brunet.
.

Poete te
-
a prins somnul

�nainte de a deveni ora

Zece și zece,

Eu mă-nchin

În fața versului meu,

Cuvântul e plin de noapte

și liniște.

Raptus_Europae-300x191
Raptus_Europae-300x191
A t
recu
t
ora unsprezece
,

Cerul a c.zut �n versuri

.i stelele
sunt tot mai
rare
.

�mi imaginez chipul t.u,

Ochi de aur
,

�n timpurile vechi
.

�Dintr
-
un deal te
-
am privit�
.

UN PIC MAI TÂRZIU

Un pic mai târziu

Va ieși

Din
piatra cuvântului
,

Pentru tine voi ieși și eu
,

Te voi aștepta îndelung
,

Cu toate plecările

Cu toate venirile
.

Raptus_Europae-300x191
Raptus_Europae-300x191
FRUMUSE.EA
FRUMUSE.ILOR

Numai
fetei

Și st. bine frumuse.ea
,

În ochii ei izvor..te

Numai iubire de libertate
.

Ce frumuse.e a v
ersului
,

Ce frumuse.e a versului
!

Vai de frumuse.ea lor
!

Raptus_Europae-300x191
Raptus_Europae-300x191
INSINUARE

Daca a. �mb.tr
�ni
,

F.r. a scrie �nc. c
�teva versuri de iubire

B.tr
�n de piatr. s.
-
m
i
spune.i

Sau t
.rie de piatr.
.

Dac. a. �mb.tr
�ni
,

F.r. c�ntece de iubire

�n focul t.cerii

Voi a
rd
e.

Iubire,

Frumuseţea şi versurile curg împreună.

Pentru tine şi patrie.

Raptus_Europae-300x191
Raptus_Europae-300x191
NUD

Cu nimeni nu a. schimba

Limba

,

Disear. cu tine

,

O or.

,

Dou.

,

Trei

,

Cât s. ating
inima
cuvântului

Toate le
-
a. spune

Clar,

Precum primul salut

.

Ai
ghe.at. în ochi
,

Foc în
interior
,

Cu nimeni

Nu te
-
a. schimba
.

Raptus_Europae-300x191
Raptus_Europae-300x191
SCRISORILE

De unde a pornit duhul scrisorilor
,

Mâine pe cine s.chem.
m
,

U
nde a dus vântul scrisorile
,

Nu s-
a g.sit una mai
bine
scrisa

Decât celelalte
.

Ce mult s-
au r.rit.

Sunt zile

Când a.tep.i s. vin.

O pas.re
neagr.

Cu o arip．ş.i cuprinde

Jum.tatea cerului
.

Ce vei primi în palm.,

întreab. eul meu
,

Oare
,

Pe cine s. mai chem.m m îine
?

Raptus_Europae-300x191
Raptus_Europae-300x191

Raptus_Europae-300x191
Raptus_Europae-300x191
Cuprins
Bio-bibliografie 5
Prima doamn. a g�ndurilor 9
Am mers pe drumul altora 11
Lucrurile noastre le-am g.sit acolo 14
Prescurtarea depart.rilor 16
Ie.i �n partea mea 18
Ne �nt�lnim acolo 20
Urme 21
R.d.cinile vie.ii 22
Peia la cinci diminea.a 24
Poate drumurile noastre se-ncruci.eaz. 28
Toate semnele mele 30
C�nde te duci 33
�n Sarajevo 33
Iubire �n timp de r.zboi 38
Mona Lisa 42
Ilir. 43
Pentru curaj 45
Doamna slov. .i domnul g�nd 46
Sub umbra amintirii 50
Cuv�ntul a s.rit t.cerea 51
Clip. 53

Raptus_Europae-300x191
Raptus_Europae-300x191
Caden.. 54
Ritualul s.u 56
Convorbire 58
Sosirea 59
Plecarea 60
Fond 61
Amorf. 62
Madrigal 64
Sfat 67
Via.a 68
Dup. venire 69
Dup. cunoa.tere 70
Punctul 71
Pentru ziua de luni 72
�n loc de cuv�nt 73
R.sunet 74
Pu.in. istorie 75
Pentru paharul dorului 77
Venirea noastr. �n pergament 78
Prob. pentru m.surarea cuv�ntului 79
Codex 80
�n cealalt. parte 82
Joc 84
Paradox 85

Raptus_Europae-300x191
Raptus_Europae-300x191

Încrederea 86
A doua 88
Dram. 90
Iarna marii desprinderii 92
Oare 94
Prima 95
Codul meu pentru mâine 97
Cutremur 98
Pentru fata 100
Visul ei 102
La Tirana 103
Un pic mai târziu 105
Frumuse.ea frumuse.ilor 106
Insinuare 107
Nud 108
Scrisorile 109

Raptus_Europae-300x191
Raptus_Europae-300x191

www.ingramcontent.com/pod-product-compliance
Lightning Source LLC
Chambersburg PA
CBHW062215080426
42734CB00010B/1899